MEMOIRE

OÙ l'on enseigne les moyens de se préserver de la Petite Vérole, & la manière de traiter ceux qui en seront attaqués.

COMME la petite Vérole ne règne pas tous les ans dans la plûpart des Villes du Languedoc, qu'elle ne s'en prend ordinairement qu'à de petits enfans, qu'elle n'y est pas toujours extrèmement meurtrière, on la regarde communement comme une Maladie de peu de conséquence : & le peuple ne songe à prendre aucune précaution pour prévenir le retour de cette Maladie, quand on en est délivré ; cependant quoique la petite Vérole ne soit pas une vraie Peste (*a*), elle ne fait pour l'ordinaire guère moins de ravage parmi les enfans, quelquefois même parmi des Hommes faits, que ne fait la vraie Peste parmi des personnes de tout âge & de tout sexe. Il seroit donc à souhaiter qu'on ne regardât pas la petite Vérole avec tant d'indifférence, & que ceux qui gouvernent voulussent bien tourner leur attention vers un objet qui intéresse si fort le Public.

Peut-être ne serons-nous pas mieux écoutés que plusieurs savants Médecins, soit François soit étrangers, qui dans le siècle passé (*b*) & depuis peu (*c*) se sont proposés le même objet, & qui n'ont pas manqué de déployer toute leur éloquence pour engager le Public à éteindre en Europe cette espèce de fleau, comme on éteignit dans les siècles

A

(10)

paſſés la Lepre , & comme au commencement de celui-ci on étouffa la vraie Peſte qui dévaſtoit quelques unes de nos contrées. Dumoins aurons-nous témoigné le déſir que nous avons de nous rendre utiles à tout le monde ; & ſi nous n'oſons eſpérer de bannir l'indifférence de tous nos contemporains au ſujet de l'extirpation de la petite Vérole, & de les tirer de l'aſſoupiſſement où ils ſont à cet égard , peut-être aurons-nous le bonheur d'encourager quelques perſonnes zélées pour le bien de l'humanité , & de leur perſuader qu'il leur importe infiniment de ſe préſerver eux & leurs ſemblables d'une ſi cruelle Maladie.

Il n'y a qu'à leur repréſenter, qu'on ne croit plus aujourd'hui (d) que nous portions tous en naiſſant le germe de cette Maladie , que nous ſoyons tous condamnés à l'eſſuyer une fois en la vie : qu'au contraire on eſt perſuadé que c'eſt une Maladie accidentelle , étrangère à notre climat , contagieuſe comme la Peſte, la Lepre & quelques autres Maladies qui nous ſont apportées des pays lointains. Il n'y a dis-je , qu'à faire voir qu'il eſt de la prudence d'employer à l'égard de la petite Vérole des moyens même plus faciles que ceux dont on s'eſt ſervi autrefois pour l'extinction des Maladies étrangères & contagieuſes , & qu'on peut avec confiance s'en promettre le même ſuccès.

Ajoutons que ſe préſerver ſoi-même & une infinité d'autres perſonnes des atteintes d'une Maladie auſſi ſouvent funeſte que la petite Vérole, ſeroit un grand ſervice qu'on rendroit à l'humanité , & que ce ne ſeroit pas une petite gloire pour une Ville , dont les Habitans ſeroient les premiers à montrer l'exemple à leurs voiſins. En cela ils ne feroient qu'imiter quelques nations barbares , qui dans le ſiécle paſſé ſçurent arrêter la contagion de la petite Vérole au rapport du D; Mead, (e) & qui ont ſçu depuis peu s'en garantir , comme nous l'apprend M. Chappe d'Auteroche (f) : exemples qui devroient , ce ſemble , faire honte à une nation

auſſi éclairée que la nôtre. Mais ſans avoir recours à des nations étrangères, combien d'exemples n'avons nous pas parmi
nous, des gens qui ſont morts dans un âge même avancé ſans
avoir jamais éprouvé la petite Vérole ? Combien de gens
ne voyons - nous pas auſſi qui s'en ſont préſervés juſqu'à
ce jour (g) ? Ainſi ne déſeſpérons de rien : ne nous rebutons
point ; ne ceſſons pas de prêcher la préſervation de cette
Maladie : le peuple à la fin ſe laiſſera inſtruire ; il renon-
cera à ſes préjugés ; & ſe rendant docile aux leçons qu'on
lui aura données, il concourra efficacement à l'exécution
d'un projet, qui lui ſera très-avantageux.

Au reſte les précautions à prendre pour ſe préſerver de
la petite Vérole, ne ſont pas auſſi difficiles qu'on pourroit ſe l'imaginer : les unes regardent le Public (h), & les autres chaque perſonne en particulier. C'eſt à MM. les Ma-
giſtrats à ordonner les prmières ſur les repréſentations que
doivent leur faire les Médecins de chaque Ville, & que
les Médecins en corps de la Ville de Beziers, n'ont pas
manqué de faire à ceux qui la gouvernent : précautions
qu'on publiera ſans doute en vue de prévenir le retour de
cette Maladie, qui règne dans des lieux voiſins. Pour les
perſonnes en particulier, qui n'ont pas eu la petite Vérole,
voici les moyens les plus efficaces qu'ils puiſſent employer
pour s'en préſerver eux-mêmes, leurs enfans & leurs voiſins, dans les endroits d'où elle n'a pas encore diſparu,
& dans ceux où elle pourroit s'introduire de nouveau.

Premiérement on évitera de viſiter ceux qui ſeront attaqués de la petite Vérole, principalement dans le temps
qu'elle commence à ſuppurer, & juſqu'à ce qu'ils ſoient
parfaitement guéris, c'eſt-à-dire, juſqu'après le quaran-
tième jour, & juſqu'à ce qu'on les ait lavés & qu'on ait
déſinfecté leur maiſon. On évitera auſſi autant qu'on pourra, de communiquer avec ceux qui ſoigneront les Malades à moins qu'ils n'ayent eu la complaiſance de ſe parfu-

mer auparavant avec la vapeur du sucre ou du Vinaigre jetté sur des charbons ardents ; & si on a touché quelque chose de suspect, on aura soin de se laver les mains avec de l'oxicrat.

2°. Lorsque la petite Vérole surprendra quelqu'un dans sa propre maison, on aura d'abord soin de séparer les sains (i) d'avec le Malade, & on les empêchera de s'en approcher en aucune façon ; on le fera servir dans la chambre la moins fréquentée par des garde-malades, qui observent de le tenir proprement, qui se tiennent proprement elles-mêmes, qui se lavent souvent les mains avec de l'oxicrat, qui aient soin d'ouvrir quelquefois les fenêtres après avoir suffisamment couvert le Malade, qui ne négligent point de tremper dans l'eau bouillante le linge qui lui aura servi, & celui dont elles se seront servies, qui fassent brûler de temps en temps quelques grains de genièvre ou quelques feuilles de plantes aromatiques, qui ramassent & jettent au feu les croûtes qui tomberont du corps du *variolé* ; & qui ne sortent point sans s'être parfumées. On laisse aux Médecins, aux Chirurgiens & aux Apothicaires le soin de prendre eux-mêmes les précautions convenables pour ne pas porter ailleurs cette Maladie.

3°. Lorsque le Malade sera guéri, on ne le laissera point sortir qu'il n'ait été lavé auparavant avec une éponge imbibée d'un mélange de vin & d'eau tiède, ou d'une décoction de Genièvre : on en usera de même à l'égard de sa garde : on désinfectera la Chambre où il aura été traité de même que tous les meubles qui y étoient enfermés, par la vapeur du souphre qu'on y fera brûler après en avoir fait sortir tout le monde & fermé les fenêtres & la porte, qu'on ne rouvrira que douze heures après : on brûlera le Lit de paille s'il s'en est servi : on mettra à la lessive tout ce qui pourra y être mis après l'avoir trempé dans l'eau bouillante, & on laissera à l'évent les matelas pendant plus de quarante jours, ou on en fera laver la Laine.

Il est vrai que tout ce qu'on vient de dire, ne peut convenir qu'à des gens riches & logés commodement; mais c'est aux Magistrats à ordonner aux Pauvres ce qu'ils jugeront convenable, soit pour prévenir le retour de la petite Vérole dans les lieux d'où elle a disparu, soit pour en arrêter la propagation dans ceux où elle se sera introduite, à pourvoir au logement de leurs Malades & à les faire traiter avec les précautions nécessaires.

Des gens pusillanimes penseront peut-être que la seule frayeur que pourroient causer la publication de la petite Vérole, & le détail des précautions qui seroient ordonnées pour s'en préserver, seroit capable de causer plus de mal dans une Ville ou dans un Village, que ne feroit la petite Vérole elle-même. Mais comme cette idée ne sçauroit entrer dans l'esprit des personnes un peu instruites, qui sçavent que la seule frayeur n'a jamais causé de maladies épidémiques, & qu'il faut faire connoître au Peuple le danger dont il est menacé afin qu'il se détermine à l'éviter, on ne s'amusera pas à faire voir le peu de fondement de cette pensée. D'ailleurs il ne faut que se rappeller que lors de la dernière Peste qui ravageoit la Provence, on n'eut pas plûtôt pris de précautions pour en arrêter le cours, bien loin que le Peuple des lieux où elle n'avoit pas encore pénétré, tombât malade de frayeur, il eut le bonheur de se garantir de ce fleau ; & il est à présumer que la petite Vérole ne se repandra pas non plus dans les endroits où l'on prendra des précautions pour lui en interdire l'entrée.

D'autres ne manqueront pas de dire qu'à moins que Sa Majesté ne donne des ordres, personne ne voudra s'astreindre à garder les précautions requises pour préserver le public d'un mal, que la plûpart des gens d'un certain âge, qui l'ont essuyé, ne craignent plus pour eux-mêmes, parce qu'il est rare qu'on l'éprouve une seconde fois ; mais c'est pousser trop loin la méfiance : il se trouvera par tout des gens zélés pour le bien public, de bons patriotes, des personnes éclairées qui connoissent les devoirs de l'humanité & qui se croyent obligées de les remplir ; & leur exemple suffira sans doute pour donner le ton à tous leurs compatriotes. En tout cas ce sera tant pis pour ceux qui ne voudront pas obéir ; ils risqueront d'être punis de leur indocilité, si non en leurs personnes, du moins en celles de leurs enfans ou des enfans de leurs parens ou amis.

Convenons toutefois qu'un pareil projet réussiroit bien mieux & beaucoup plus vîte, si on pouvoit faire intervenir l'autorité du Prince : le Peuple seroit forcé, pour ainsi dire, malgré lui de travailler à sa propre conservation. Malheureusement l'esprit de parti se glisse par tout, & s'oppose à l'avantage du Public. Réunissés les sentimens de tous les Médecins en faveur de l'extirpation de la petite Vérole ; & vous verrez bientôt arriver des ordres supérieurs. En attendant rien n'empêche que chaque Ville & chaque Village ne puissent en particulier se précautionner contre cette maladie ; & n'est-il pas de la prudence de le faire ?

Enfin on fera craindre l'interruption du commerce entre les lieux infectés de la petite Vérole & ceux qui prendront des précautions pour s'en préserver ; ce qui pourroit causer quelque préjudice aux uns & aux autres. Mais outre que la conservation du Public doit l'emporter sur la crainte d'un préjudice qui ne peut guère avoir lieu, parce que les enfans qui ont le plus d'intérêt à se préserver de la petite Vérole, ne sont pas ceux qui font le Commerce, il sera aisé de faire voir, que si cette crainte n'est pas tout à fait vaine, elle ne mérite pas du moins qu'on s'en occupe beaucoup. En effet la petite Vérole n'exige pas à beaucoup près autant de précautions que la Peste ; & cependant on vit en 1720 & 1721, que malgré les grandes précautions qu'on prennoit dans la plûpart des Villes du Languedoc, même avant qu'on y eût établi des lignes, le Commerce n'y fut jamais entièrement interrompu, quoique tout le monde, jeunes & vieux, fussent bien fondés à craindre un si terrible fleau. Il n'y aura donc parmi les hommes faits que ceux qui n'auroient pas eu la petite Vérole, sur l'esprit desquels les précautions ordonnées par les Magistrats pourroient faire quelque impression ; & ce que le Commerce pourroit souffrir de leur part, seroit bien peu de chose. D'ailleurs cette interruption, si elle avoit lieu, par rapport à quelques personnes qui n'auroient pas eu la petite Vérole, ne seroit tout au plus que de deux ou trois mois, après lesquels si on avoit soin de désinfecter les lieux qui auroient été attaqués de la petite Vérole, il n'y auroit absolument plus rien à craindre, & le Commerce pourroit redevenir entièrement libre.

Il ne nous reste qu'à enseigner la manière de traiter ceux qui malgré les précautions qu'ils auront prises, auront le malheur d'être attaqués de cette maladie : car quoique *M. Helvetius* (*l*), & bien d'autres Auteurs, aient écrit là-dessus, on sera sans doute bien aise, sur-tout dans les lieux où il n'y a point de Médecins de trouver ici la façon de conduire ces malades : ce que nous allons expliquer en peu de mots. On sçait que la petite Vérole est ou bénigne & simple, ou maligne & compliquée. Dans le premier cas, soit qu'elle soit confluente ou discrete, il n'y aura qu'à reduire le malade à un régime convenable à son âge & à son état, lui donner un lavement s'il est constipé, lui faire prendre quelque léger vermifuge, s'il est sujet aux vers, ou tout au plus, s'il est besoin, le saigner & le purger bénignement avant l'éruption des boutons, & laisser agir la nature sans la tourmenter par des remèdes incendiaires, tels que la graisse de serpent, la poudre de vipère, &c. & sans accabler le malade de trop de couvertures. Pendant le cours de la maladie on donnera quelque lavement si le ventre est trop resserré, & vers la fin on reviendra à une légère purgation.

Dans le second cas, on traitera la maladie compliquée tant par rapport au régime qu'aux remèdes, à peu près, comme si la petite Vérole n'y étoit pas jointe : c'est-à-dire que dès le commencement on remplira toutes les indications que présentera la fièvre d'*ébullition*. S'il faut saigner, faire vomir, purger, on n'hésitera point à le faire, observant de proportionner tout à l'âge, au sexe, au tempérament, aux forces des malades. On sera plus réservé en fait d'évacuans pendant le temps de l'*éruption* & le commencement de la *suppuration* ; mais tandis que la suppuration se fera, & lors du *desséchement* des croutes, on pourra, s'il est besoin, revenir à la saignée, aux purgatifs & aux lavemens, ayant égard à la *salivation* qu'il ne faut pas interrompre lorsqu'elle survient ; & après le quinzième ou le vingtième jour on re-purgera les malades. S'il survenoit quelques cas extraordi-naires, on auroit recours à un Médecin expérimenté ; car outre qu'il seroit trop long de les détailler ici, il n'y auroit que les gens de la profession qui pourroient nous entendre ; & on comprend bien que ceux-là n'ont pas besoin de nos leçons. Qu'ils me permettent seulement de leur représenter qu'il est de leur devoir de lire les Ouvrages de M. *Paulet* Médecin des Facultés de Paris & de Montpellier, où ils trouveront toutes les Instructions qu'ils pourroient désirer soit pour garantir le Peuple de la contagion de la P. Vérole, soit pour traiter méthodiquement ceux qui en seroient atta-qués. Ces Ouvrages consistent en 4. vol. in 12°. sçavoir deux intitulés l'*Histoire de la petite Vérole* avec les moyens d'en préserver les enfans & d'en arrêter la contagion en France, un autre sous le titre de *Mémoire*, pour servir de suite à l'*Histoire de la petite Vérole*, dans lequel on démontre la possibilité & la facilité de préserver un Peuple entier de cette maladie, le tout imprimé à Paris chez Ganeau en 1768 & un quatrième qui a pour titre *Avis au Public*, sur son plus grand intérêt, ou l'art de se préserver de la

petite

petite Vérole, réduit en principes & démontré par l'expérience, à Paris chez Ganeau 1769.

(*a*) Le Pays (*l'Egypte*) où la petite Vérole eſt née, & d'où elle a été apportée dans nos climats, les accidents qui la précèdent ordinairement, les éruptions dont elle eſt toujours accompagnée, ſa fréquente complication avec d'autres maladies très-dangereuſes, ſa terminaiſon ſouvent très-funeſte; ſa facile communication d'un ſujet à un autre, ſa marche de Ville en Ville, de Royaume en Royaume : tout cela établit une ſi grande reſſemblance entre cette maladie & la Peſte, que les Médecins Arabes (*Rhaſès, Avenſoar, Avincenne*) qui en ont parlé les premiers, n'ont pas fait difficulté de la mettre au rang des maladies peſtilentielles, & que d'autres (*MM. Paulet, Raymond, &c.*) n'ont pas craint de la qualifier d'une eſpèce de Peſte.

(*b*) *MM. Claude Chanvel* en 1616. & *Chriſtophe Cachet* en 1617.

(*c*) *MM. Beer, Raſt, J. B. Richard, Cantvvel, Le camus, Paulet, Cothenius, &c.*

(*d*) Voyez les Ouvrages des Auteurs qu'on vient de citer.

(*e*) Trait. *de Variol. & Morbill.* 1747. au ſujet des *Hottentots.*

(*f*) Voyage en Syberie t. 1. p. 240. au ſujet des *Tartares* qui ſont au midi de la Ruſſie, outre les *Tartares Tonguſes* au rapport de *Jean Bell d'Antermony.*

(*g*) Il ſuffira de cit   avec reſpect Sa Majeſté & la Famille Royale. On vient auſſi d'apprendre qu'il y a un Village ſitué ſur la Montagne de la Lozere en Gevaudan, où la petite Vérole n'a pas pénetré depuis 40 ans.

(*h*) V. les écrits de M. *Paulet*, &c.

(*i*) C'eſt ce que vient de faire M. Joly de Fleury Procureur-Général au Parlement de Paris à l'égard de M. Joly de Fleury Avocat-Général ſon neveu; qui logeoît dans la même maiſon, & qui a été le ſeul attaqué de la petite Vérole; ſelon une lettre écrite depuis peu de Paris ; & c'eſt ce que fit auſſi au commencement de ce ſiècle une Dame de Beziers à l'égard de ſa petite fille qui vit encore & qui pourroit le certifier ; ce qui réuſſit à cette Dame fille d'un Médecin, puiſqu'elle mourut à l'âge de 80 ans, ſans avoir éprouvé la petite Vérole.

(*l*) Obſervations ſur la petite Vérole, à la ſuite du Traité de l'œconomie animale, Paris 1722.   *M. DCC. LXX.*

* 9 7 8 2 3 2 9 1 4 2 5 3 1 *

MOYENS DE CONSTATER

LA

PRÉSENCE DE L'EAU DANS LE LAIT,

Par M. MUNIER, docteur-médecin.

Les fromageries étant la richesse et presque le seul revenu de nos montagnes, il importe de mettre les fromagers et les administrateurs de ces sociétés en garde contre la fraude la plus habituelle, *l'addition d'eau au lait*, et de les armer de tous les moyens que la science et l'expérience ont indiqués pour découvrir un vol qui peut se commettre tous les jours.

Mais disons d'abord que tant de causes font varier le lait qu'il faut mettre bien de la prudence et peser rigoureusement toutes les circonstances pour ne pas attribuer à la fraude ce qui ne lui est pas dû, et ne pas engager légèrement et avec précipitation des procès ruineux d'une part et attentatoires de l'autre à l'honneur des citoyens dont la réputation jusque là était hors de blâme; il faut apprécier à leur juste valeur la nature des climats, les saisons, les circonstances diverses dans lesquelles se trouve placée la vache laitière, sa nourriture, les variations atmosphériques, etc., car toutes ces causes modifient la sécrétion laiteuse.

Depuis que *Farenheit* a inventé les *aréomètres* ou *pèse-liqueurs*, on a cherché à introduire ces instruments dans les fromageries, mais l'inconvénient de la méthode d'appréciation fondée sur la pesanteur spécifique du lait, est tel, qu'il n'est possible de s'y fier qu'approximativement; ces instruments ne suffisent pas pour faire connaître la qualité du lait d'une manière précise, puisque deux laits de la même pesanteur spécifique peuvent différer beaucoup l'un de l'autre par leur composition. Ecoutons d'ailleurs le jugement que porte M. *Biot* sur ces instruments, lorsqu'il s'agit même des choses auxquelles ils sont applicables (Tome 1ᵉʳ, page 321) :

« Lorsqu'on n'a pas besoin d'une précision extrême, on peut

« déterminer la pesanteur des liquides par le moyen des aéro-
« mètres. »

M. Quevenne, page 41, dit :

« Pour mes expériences, j'ai dû recourir à l'emploi des *pèse-
« laits* actuellement existants ; mais ceux-ci n'ayant point rem-
« pli le but , j'ai essayé d'en établir un plus conforme à mes
« vues. Il y a deux espèces de causes d'erreur dans la pesée du
« lait : les unes sont inhérentes au liquide lui-même et dépen-
« dent de sa nature variable ; les autres tiennent à des circons-
« tances extérieures et indépendantes du lait lui-même. »

Ajoutons avec plusieurs physiciens que la plupart des aéro-
mètres ou pèse-liqueurs qu'on trouve dans le commerce sont de
très-mauvais instruments.

Une considération qui n'est pas sans valeur, c'est que le plus
souvent, dans les fromageries, on ne fait pas attention aux conditions indispensables pour l'emploi de ces instruments; on
éprouve , comme on le dit vulgairement , les différents laits à
mesure qu'ils sont apportés à la fromagerie, sans tenir compte
de la température, d'un côté, ni du temps plus ou moins long
qui s'est écoulé depuis la traite. Une première observation bien
importante , c'est qu'il ne faut pas faire cette opération immé-
diatement après la traite, car il existe en ce moment une grande
quantité d'air ou de gaz dans le lait, laquelle y a sans doute été
introduite par la seule action de traire, si elle n'y existait naturellement ; mais plusieurs heures après la traite, tout cet air est
monté sous forme d'écume, ou dissipé ; le temps nécessaire pour
que cet air se dégage est de six à sept heures, selon M. Quevenne , qui estime que cette seule cause peut faire varier le lait
de plus d'un degré.

Il faut, de rigueur, faire attention à la température du liquide. M. Pelletan , tome 1er, page 388, nous dit : « Il est indis-
« pensable que les liquides que l'on compare soient exactement
« à la même température, tant pour que les liquides ne chan-
« gent pas de poids spécifique, que pour conserver à l'instru-
« ment lui-même précisément le même volume. » A ce témoi-
gnage, ajoutons celui de M. Biot, 1er volume, page 321: « Pour
« rendre ces comparaisons tout-à-fait rigoureuses , il faut que
« les expériences soient faites précisément à la température du
« maximum de densité de l'eau, ou qu'on les y ait ramenées
« par le calcul, d'après les dilatations connues des liquides ob-
« servés. »

M. Quevenne s'exprime d'une manière bien précise, et nous
ne pouvons négliger son opinion. Il dit, page 41 de son savant
mémoire :

« Je crois qu'à l'aide de quelques précautions, on peut arri-
« ver à connaître la richesse réelle du lait au moyen d'un *aréo-*

« *mètre*. En effet, les deux grandes causes d'erreur dans la pe-
« sée de ce liquide sont : 1° la variation de sa température ;
« mais il est facile d'en tenir compte au moyen d'un thermomè-
« tre, exactement comme on le fait dans le commerce pour
« l'alcool ; 2° la présence de la crême qui, pouvant se trouver
« dans le lait en quantité variable, vient, à cause de sa pesan-
« teur spécifique plus légère, compliquer la pesée ; mais ôtez
« la crême, et vous aurez fait disparaître la deuxième cause
« d'erreur, en même temps que vous aurez un renseignement
« de plus ; car vous saurez, par la même occasion, combien le
« lait contenait de crême. »

Cet auteur insiste ensuite fortement sur la nécessité de tenir
compte de la température du lait ; il assure que si on néglige
cette précaution, le lait peut marquer *un degré très-différent*.
Ce sont ses propres expressions. Nous le demandons maintenant
à tous ceux qui connaissent les fromageries, s'entoure-t-on de
tant de précautions ? Non, cent fois non.

Mais tous les inconvénients qui résultent pour les fromageries de l'usage des aréomètres ne sont pas encore signalés ; il
en existe un que M. Quevenne dénonce : « L'usage du pèse-lait,
employé seul, peut concourir à favoriser la fraude au lieu de la
prévenir. » En effet, la crême, étant l'élément le plus léger du
lait, la densité augmente quand ce liquide en contient peu ou
qu'on l'a enlevée ; la densité est moindre, au contraire, lorsque
le lait est étendu d'eau ; mais c'est précisément de la combinai-
son de ces deux effets que résulte pour le *laitier* le moyen le
plus commode de tromper le consommateur. En effet, il commence par enlever une partie de la crême pour la vendre à un
prix élevé ; n'ignorant pas que la densité du lait se trouve aug-
mentée par cette soustraction, il ajoute de l'eau en quantité
suffisante pour ramener le liquide à la densité ordinaire. Ainsi,
du lait pesant 1,052, pèsera, je suppose, 1,055 après avoir
été privé de sa crême ; mais, par l'addition d'une certaine quantité d'eau, il sera facile de lui rendre son poids spécifique de
1,032.

La mesure de la densité serait encore un moyen trompeur,
dans le cas où elle serait appliquée à certaines espèces de lait
naturellement pauvres et sans fraude ; car il n'est pas rare de
trouver du lait de première traite, très-pauvre en crême, mar-
quant à l'aréomètre le même degré que le bon lait ordinaire.

Frappés de ces considérations, plusieurs hommes distingués
ont essayé de trouver un remède et d'inventer des instruments
plus exacts. Nous citerons le *Galactomètre* de M. Cadet-de-Vaux,
le *Lacto-Densimètre* de M. Quevenne, le *Lactoscope* de M.
Donné. A nos yeux, ces deux derniers instruments, sans résoudre complètement le problème, car tous deux ont leurs incon-

vénients, approchent de sa solution, et, vérifiés l'un par l'autre, peuvent rendre les plus grands services aux fromageries ; ils peuvent, en combinant leurs effets , faire découvrir la fraude *à minimá et à maximá.*

Pour nous expliquer, disons que, dans les fromageries, on ne considère les laits que dans leur pauvreté , et qu'on fait entièrement abstraction de cette vérité déjà énoncée qu'en enlevant la crème au lait , par cette soustraction on augmente la densité de ce liquide ; or, du moment que l'aréomètre marque tel degré, il est bon ; s'il en marque un plus fort, il est meilleur encore. C'est donc dans le cas de soustraction de la crème que le *lactoscope* de M. Donné sera très-utile, et le *lacto-densimètre* de M. Quevenne, dans le cas d'addition d'eau, abstraction faite de la crème.

Ainsi, si, d'un côté, nous ne considérons pas ces instruments comme suffisamment exacts , quoique déjà plus parfaits que les *aréomètres* ordinaires, nous ne repoussons pas leur emploi judicieux; nous croyons que leur action combinée, jointe aux procédés que l'expérience et la science indiquent, démasqueront toujours la fraude.

Une première observation, c'est que toutes les fois qu'on a éprouvé le lait à la fromagerie, il est nécessaire d'aller à domicile voir traire les vaches et accompagner le lait à la fromagerie, pour s'assurer qu'il n'a subi aucune falsification, et, dans les deux cas , le soumettre à l'action des instruments , en tenant compte de la température, du climat, des saisons, des variations atmosphériques , de l'état de santé des vaches, de leur nourriture; en un mot, de toutes les circonstances qui sont reconnues pour influer sur la sécrétion laiteuse. Cette contre-vérification , bien faite, nous paraît indispensable pour la manifestation de la vérité.

M. Boussingault , *Économie rurale* , page 377, nous dit que le lait de vaches présente toujours une réaction alcaline. M. Quevenne , pages 26, 27, 28, 29, 50 et 51, nous assure qu'il contient des principes acides agissant sur le tournesol même plus de six heures après la traite. Il en résulte que plus le lait sera étendu d'eau , moins il rougira le papier de tournesol ; qu'en conséquence , dans une fromagerie , quand le soupçon d'avoir mis de l'eau dans le lait s'élèvera contre un particulier, en soumettant tous les laits à ce réactif, on verra celui qui rougit le moins. Cette expérience n'est point à dédaigner.

Tout le monde sait assez que l'eau , ajoutée au lait, le rend plus fluide, diminue sa teinte blanche jaunâtre pour lui en communiquer une qui offre quelque chose de bleuâtre et lui donne une saveur aqueuse ; mais ce qu'on ne sait pas aussi bien, c'est que l'eau en hâte l'altération, et que le lait caille beaucoup plus tôt. La crème perd aussi sa sapidité aromatique, et il n'y a pas jusqu'au beurre qui ne s'en trouve altéré.

Une observation bien importante : le volume de crème qui s'élève dans un lait additionné d'eau est proportionnellement plus grand que celui qui monte sur le même lait pur ; ce qui tient, d'une part, à ce que les globules butyreuses, étant plus déliées, peuvent s'élever plus facilement ; et, de l'autre, à ce que la crème montée retient plus d'eau interposée.

D'après M. Donné, les globules du lait, qui se distinguent à leur forme exactement sphérique et à leurs contours foncés qui décèlent leur nature oléagineuse, sont déformés par l'eau. Partant de cette idée, nous avons souvent fait une expérience bien simple et bien facile ; elle consiste à plonger dans le lait un morceau de bois ou de métal. Si la goutte adhère fortement, qu'elle soit bien ronde, on peut présumer que le lait n'est pas additionné d'eau ; car, dans ce cas, la goutte adhère peu, s'alonge, lave l'instrument, et tombe plus vite et plus facilement.

A la jauge, quand le lait est naturel, il adhère, se colle et file le long de l'instrument ; quand il y a de l'eau, il fuit, lave la jauge, ne file pas et s'égoutte promptement, et les gouttes qui tombent présentent l'aspect ci-dessus décrit.

Le lait est constamment plus pesant que l'eau ; par conséquent, lorsqu'il est pur, il tombe plus vite quand on le verse ; le bruit qu'il fait en tombant n'est pas le même que lorsqu'il est additionné d'eau ; à cet égard, certains fromagers ont l'oreille tellement exercée qu'au son ils reconnaissent la fraude ; selon eux, le son est plus clair lorsqu'il y a de l'eau, il est plus sourd lorsqu'il n'y en a pas.

On est parvenu, en comparant le poids spécifique de l'eau et du lait au moyen d'une expérience bien simple, à constater la présence de l'eau dans le lait : il suffit de prendre un tube de verre d'un pouce de diamètre et d'un pied de hauteur, de le remplir de lait additionné d'eau et de laisser reposer pendant vingt-quatre heures ; au bout de ce temps, les liquides se seront rangés selon leurs poids spécifiques : la crème au-dessus, l'eau au milieu, et le lait dessous. On pourrait même parvenir à graduer ce tube : nous tentons quelques essais à cet égard. Des fromagers nous ont assuré qu'en enlevant la crème avec précaution, si le lait est additionné d'eau, l'eau vient présenter sa couleur bleuâtre, au lieu de la teinte blanche jaunâtre du lait pur. Le père Morons nous certifiait ne jamais se tromper sous ce rapport.

Les observations microscopiques établissent de la manière la plus évidente, que le lait tient en suspension des globules de dimensions diverses, et ces globules du lait, suivant *M. de Romanet*, sont essentiellement formés de matière grasse, qui se trouve enveloppée d'une pellicule blanche translucide, mince, élastique et résistante ; en sorte que lorsqu'on met de l'eau dans le lait, elle ne fait que s'interposer entre ces globules, il n'y a pas mélange complet, ce qui nous explique d'abord pourquoi après un repos de vingt-quatre heures, la crème, le lait et l'eau se séparent pour se placer chacun selon l'ordre de leur poids spécifique ; ensuite cela nous met sur la voie d'une expérience bien aisée, et qui nous a réussi, ainsi que peuvent l'attester plusieurs témoins et des fromagers qui sur notre demande l'ont tentée, entr'autres le sieur Jeannin Michel, l'un de nos bons fromagers. On prend un verre à boire dans lequel on met du lait pur aussitôt après la traite, un second verre vuide et bien sec, une lanière d'amadou bien préparée plonge dans les deux verres. On prend également un 3ᵉ verre où l'on met du lait additionné d'eau (pour notre expérience nous mettrons un tiers d'eau), puis un 4ᵉ verre vuide et sec, une lanière d'amadou plonge également dans ces deux verres. Au bout de vingt-quatre heures, le 4ᵉ verre contient l'eau qui avait été mélangée avec le lait, le 2ᵉ verre ne contient aucun liquide, la partie même de l'amadou qui plonge dans ce verre n'est pas humide, tandis que l'autre lanière est humide et gonflée dans toute sa longueur, ce qui est facile à comprendre, car l'eau a pu filtrer à travers l'amadou, tandis que les globules du lait enveloppés de leur pellicule et contenant leurs parties grasses butyreuses n'ont pu la pénétrer.

Si les fromagers étaient chimistes, nous proposerions l'analyse du lait ; mais cette opération difficile est réservée à des mains plus habiles. Toutefois, pour compléter la série des expériences et des observations indiquées, ils ne doivent pas négliger de faire coaguler le lait soupçonné, afin de s'assurer s'il contient les proportions de crème, de caseum et de serum que renferment les bons laits.

De tout ce qui précède il résulte : 1° qu'il existe de nombreux moyens de constater la fraude dont nous parlons ; 2° que dans les sociétés fromagères on ne doit négliger l'emploi d'aucun de ces moyens, afin d'avoir toutes les garanties désirables pour éclairer la justice, et pour ne pas s'exposer trop légèrement aux nombreux procès qui naissent si souvent à cette occasion.

Foncine-le-Haut, 26 *février* 1851.

NÉCESSITÉ

D'UNE LÉGISLATION SPÉCIALE

POUR LES FOMAGERIES.

1er ARTICLE.

Deux questions également vitales pour les fromageries se présentent à l'appréciation de l'autorité et des personnes intéressées à ces sortes de sociétés.

La première, que la faculté du transit soit supprimée pour les fromages de provenance suisse ;

La deuxième, la nécessité d'une législation spéciale pour les fromageries.

Sur la première question, plusieurs lettres, que nous avons publiées dans les journaux du Jura, ont éveillé la sollicitude du conseil général, qui a pris à cet égard une délibération conçue en ces termes :

« Le conseil général sollicite instamment M. le mi-« nistre du commerce à venir au secours du départe-« ment du Jura, et surtout de ses montagnes dont les « fromages sont l'unique produit.

« Il émet le vœu que l'Algérie, étant assimilée à la « France, les fromages suisses qui y sont transportés « soient soumis aux mêmes droits que ceux consom-« més dans l'intérieur de la France, et que la faculté « du transit soit supprimée. »

Mais il ne suffit pas que ce vœu soit émis, il est nécessaire que l'autorité en poursuive la réalisation par tous ses efforts, que les citoyens insistent, et qu'enfin on arrive à déterminer M. le ministre et l'Assemblée législative à protéger efficacement nos intérêts, surtout en face de la dépréciation que le malheur des temps a fait subir à cette marchandise.

Cela préémis, nous examinerons, dans plusieurs lettres successives, la nécessité d'une législation spéciale pour les fromageries ; car dans un pays aussi policé que la France, rien de ce qui tient à l'économie agricole ne doit rester étranger à la législation ; cependant une branche très-essentielle de cette économie, les fromageries (1), ne sont régies par aucune loi, ni par aucuns statuts locaux, et se trouvent même tout-à-fait en dehors de l'administration ; de telle sorte qu'elles sont livrées à la plus déplorable anarchie, et soumises au plus complet arbitraire ; les arrêts même de la cour d'appel sont contradictoires sur des questions identiques. Un tel état entraîne à sa suite de graves et fréquents désordres qui compromettent toujours la fortune des familles, souvent, ce qui est plus précieux encore, leur honneur, troublent leur tranquillité, fréquemment même celles des communes, car le maintien de l'ordre et de la paix dans les communes rurales se lie souvent au bon accord des associations fromagères. Autrefois, ce bon accord était rarement troublé. Elles existaient de temps immémorial, sans autre règle que l'usage, et sans autre garantie que la conscience et la bonne foi ; mais, depuis quelques années, la division s'est introduite et elle menace de faire des progrès ; aussi presque partout surgissent des difficultés qui font vivement sentir les inconvénients du régime actuel des *fruitières*, et démontrent invinciblement la nécessité d'obtenir une loi spéciale qui vienne bientôt y mettre un terme.

Nous aurons donc dans ce travail à prouver : 1° que la législation actuelle n'est point applicable aux fromageries ; 2° à démontrer les nombreux inconvénients d'un tel état de choses ; 5° à indiquer les remèdes nécessaires pour arrêter le désordre.   Munier.

2ᵉ Article.

Maintenant, nous avons à démontrer que la législation actuelle n'est point applicable aux fromageries, qu'il est impossible de les soumettre isolément aux principes d'un contrat quelconque ; qu'elles tiennent

---

(1) Mémoire de la société d'agriculture du Doubs. Page 62.

tout à la fois, ainsi que nous l'avons prouvé dans l'an-
nuaire de M. Désiré Monnier pour 1850, du contrat
de louage, du prêt de consommation et du contrat de
société ; qu'ainsi, pour résoudre les questions qui se
présentent, on est obligé de combiner plusieurs espèces de contrats et de titres du code civil, code qui n'a
point été fait pour elles. En effet, originaire des montagnes de la Gruyère, l'industrie des fromages de ce
nom était encore dans son enfance, sur les hautes cî-
mes du Jura, lorsque nos codes furent promulgués ;
car elle était l'apanage de quelques cantons seulement. Ce n'est que depuis 1750 que les fromageries
ont commencé à paraître dans l'arrondissement de St-
Claude, et 1815 est l'époque où elles se sont répan-
dues dans la plaine. A peine en trouve-t-on la men-
tion dans le recueil de nos édits et dans les arrêts du
parlement. Il est donc vrai de dire qu'elles étaient inconnues ou presque inconnues de nos législateurs ;
qu'ainsi les rédacteurs du contrat de société, promul-
gué le 18 mars 1804, n'ont nullement songé à elles.
En examinant les dispositions de ce titre de plus prés,
elles nous conduiront à tirer cette conséquence :

1° Les sociétés fromagères ne sont pas des sociétés
ordinaires.

Pour nous en convaincre, voyons si la définition
de ce contrat, telle qu'elle résulte de l'article 1832 du
code civil, est applicable aux fromageries :

« La société est un contrat par lequel deux ou plusieurs personnes conviennent de mettre quelque chose en commun, dans
la vue de partager le bénéfice qui pourra en résulter. »

Il suit de cette définition précise, que si, dans les
fromageries, il n'y a *ni contrat, ni mise en commun, ni
partage de bénéfice*, il n'y a plus de sociétés dans le sens
de la loi. Or, dans les fromageries, on ne rencontre
aucune de ces trois conditions.

1° Qu'il n'y ait pas de contrat, c'est ce que personne ne contestera. Il y a bien, à la vérité, conven-
tion verbale ; mais, aux termes de l'art. 1834 du code,
toutes sociétés doivent être rédigées par écrit, lorsque
leur objet est d'une valeur de plus de 150 francs.

Or, peu de sociétés fromagères reposent sur des

actes écrits, et toutes ont pour objet une valeur beaucoup supérieure à 150 francs ; et, d'après ce texte,
celles qui ne reposeraient pas sur un acte écrit, ne
pourraient être considérées comme des sociétés léga-
lement établies ; on ne pourrait leur appliquer les
dispositions du contrat de société, mais seulement les
principes généraux du droit, conformément aux dispositions de l'article 1107 du code civil.

2° Il n'y a pas de mise en commun comme l'exige
la loi, car la quantité de lait apportée à la fromagerie par chaque agrégé, est chaque fois mesurée, et, à
l'aide de tailles, elle est constatée et portée au compte
particulier de chaque agrégé, avant d'être jetée
et confondue dans la chaudière ; de telle sorte que
chaque membre conserve l'entière propriété de la
quantité de lait par lui apportée, ou la prête à d'autres ; et que chaque fois qu'il est fabriqué un fromage,
celui qui en doit être propriétaire, et qui est toujours
désigné à l'avance, doit rendre aux autres le lait par
eux fourni pour la fabrication de ce fromage, dans les
quantités préalablement reconnues et constatées par
les tailles.

3° Il n'y a point de partage de bénéfices, car dès
qu'un fromage est fabriqué, il devient, comme nous
l'avons déjà dit, la propriété exclusive de celui pour
le compte duquel il a été fabriqué, et ainsi de suite
et à tour proportionnel, basé sur le plus ou moins de
lait que chacun apporte à la fromagerie ; en sorte que
ce tour est plus ou moins fréquent, selon la plus ou
moins grande quantité de lait fournie ; d'où il suit évi-
demment que ce bénéfice de fabrication n'est pas mis
en réserve pour être, dans un temps donné, partagé
entre les associés.

Les trois conditions du contrat de société ne se ren-
contrent donc pas dans les sociétés fromagères ; ce ne
sont donc pas des sociétés proprement dites, des sociétés légales ; ce sont des agrégations dictées par la
nécessité ; elles sont bien plus de *fait* que de *droit* ; en
conséquence, elles sont plutôt soumises aux principes
de la morale, de l'équité naturelle, qu'aux principes
rigoureux du droit ; et, à ce titre, elles semblent bien
dignes de la sollicitude de la loi.

Plus nous poursuivrons notre examen, plus le principe énoncé deviendra évident; en effet, le principe :
que chacun est libre de choisir son associé, n'est point
applicable en matière de fromagerie. L'association est
nécessaire et forcée, selon la topographie des lieux.
Il s'agit plutôt d'agréger les vaches, de mettre leur lait
en commun, que de composer une véritable société.
Les habitants sont obligés de s'entendre pour exploi-
ter leur propriété, en usant du seul mode à l'aide duquel ils peuvent en obtenir des revenus.

La société fromagère se forme entre des personnes
présentes, ou étrangères aux localités où elle existe,
entre des majeurs et des mineurs, des femmes mariées
dont les maris seraient incapables de contracter, et
même des interdits. L'association fromagère, contrairement aux dispositions de l'article 1840, n'exige pas
que les personnes qui la composent soient respective-
ment capables de se donner ou de recevoir l'une de
l'autre ; car pour contracter une société fromagère, il
n'est pas nécessaire d'être *sui juris*. Il suffit de possé-
der des vaches et de vouloir faire des fromages. Une
association de cette espèce ne prend point fin à la mort
naturelle ou civile des sociétaires, comme l'art. 1865
le décide pour la société ordinaire, ou par la volonté
d'un seul ou plusieurs associés ; mais elle se continue
pendant toute la saison avec les héritiers et les succes-
seurs. Elle ne peut se dissoudre intempestivement.

Quoique l'exercice de la société soit comme suspen-
du, chaque année, pendant un certain laps de temps,
la durée n'en est pas moins illimitée, contrairement aux
prescriptions de l'article 1865; elle recommence per-
pétuellement et indéfiniment aux époques assignées,
plutôt encore par la nécessité de tirer parti du lait,
que par l'usage. C'est parce que la société est plutôt
entre les vaches qu'entre les hommes, selon l'expression
de M. Loiseau.

L'article 1832 du code porte que « les sociétés ordinaires reposent sur le consentement des parties con-
tractantes, » tandis que les fromageries ne reconnaissent pas ce principe ; elles consacrent, pour tous ceux
qui habitent la circonscription territoriale où a été

établie une fromagerie, un droit égal à en faire partie qu'ils soient majeurs, mineurs, interdits ou étrangers.

Si on considère, sous un autre point de vue, les principes admis par le code en matière de société, il sera difficile de concilier ceux relatifs à l'administration accordée par cette loi aux associés, avec les pouvoirs restreints qu'il est d'usage de donner aux syndics ou échevins des associations fromagères. Pourraient-ils invoquer les dispositions de l'article 1859 pour s'attribuer une direction qui dépasserait les bornes d'une simple surveillance qui leur est confiée? Cependant, dans le silence de la loi sur un objet qu'elle n'a pas eu sans doute la pensée de régler, ne serait-il pas dangereux de voir des administrateurs de fromageries, disposés à étendre leurs attributions, agir sans le consentement de leurs co-associés, et prendre des engagements qui, en obligeant ceux-ci sur leur part dans les objets communs, compromettraient leurs intérêts? Envisagera-t-on ces syndics comme des mandataires? Alors, ne répondant que du dol ou des fautes qu'ils pourraient commettre dans leur gestion, ils resteraient maîtres de traiter à leur gré, et sans conseil, les affaires de la fromagerie jusqu'à leur révocation. L'usage général des fromageries est loin cependant de leur attribuer des pouvoirs aussi étendus.

Et, d'ailleurs, si l'on veut que les fromageries soient des sociétés, pourquoi la loi qui a sagement déterminé les conditions et les formes auxquelles elle reconnaît les sociétés, ne déterminerait-elle pas les conditions et les formes auxquelles elle reconnaît celles dont il s'agit?

De quelque côté donc qu'on se tourne, on ne peut assimiler les sociétés fromagères aux sociétés ordinaires; tout diffère dans les deux cas: la législation de l'une n'est pas applicable à l'autre; en voulant l'appliquer, on détruit les sociétés fromagères. Il faut donc à ces associations une protection spéciale que, jusqu'ici, la loi ne leur a pas accordée.   .MUNIER, D. M.

LONS-LE-SAUNIER, IMPRIMERIE DE COURBET.

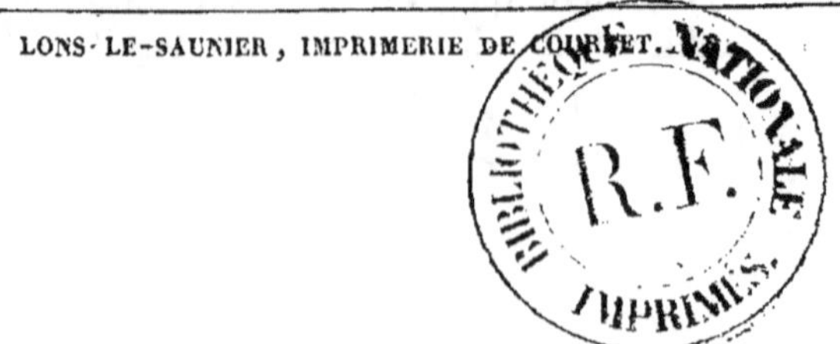